सॉनेट मंडल

सॉनेट मंडल का जन्म 30 दिसम्बर, 1990 को कोलकाता में हुआ। उन्होंने इंडियन इंस्टिट्यूट ऑफ़ इंजीनियरिंग, साइंस एंड टेक्नोलॉजी, शिबपुर से बी.टेक. किया है। उनकी प्रमुख कृतियाँ हैं—*एन आफ़्टरनून इन माय माइंड, कार्मिक चैंटिंग, इंक एंड लाइन*। पाँच अन्य कविता-संग्रह भी प्रकाशित हुए हैं। उन्होंने अमेरिका, मैसेडोनिया, आयरलैंड, तुर्की, निकारागुआ, श्रीलंका, जर्मनी, इटली, आदि देशों के साहित्यिक समारोहों में कविता पाठ किया है। उनकी कविताएँ राष्ट्रीय-अन्तर्राष्ट्रीय पत्र-पत्रिकाओं में प्रकाशित हैं। हालिया रचनाएँ *हार्पर बाज़ार, वर्जीनिया क्वार्टरली रिव्यू, स्टैंड मैगज़ीन, वड्र्स विदाउट बॉर्डर्स, सिंगिंग इन द डार्क, लुवीना मैगज़ीन,* ला ओट्रा, *समकालीन साहित्य, क्योटो जर्नल, पोटोमैक रिव्यू, पोएट्री साल्ज़बर्ग रिव्यू,* और *मैस्कैरा लिटररी रिव्यू* में प्रकाशित हुई हैं। वे 2014 से 2016 तक आयोवा विश्वविद्यालय में अन्तर्राष्ट्रीय लेखन कार्यक्रम के सिल्क रूट परियोजना के लेखकों में से एक थे। वे कोलकाता के अन्तर्राष्ट्रीय कविता महोत्सव, चेयर पोएट्री ईवनिंग्स के संस्थापक-निदेशक, *लिरिक लाइन* (हौस फ़र पोज़ी, बर्लिन) के भारतीय विभाग के सम्पादक तथा *वर्सवील* पत्रिका के प्रबन्ध सम्पादक हैं। *वड्र्स विदाउट बॉर्डर्स* और *पोएट्री ऐट संगम* के अतिथि सम्पादक रह चुके हैं। उनकी रचनाओं का हिन्दी, बंगाली, मराठी, स्पैनिश, पुर्तगाली, इतालवी, चीनी, तुर्की, स्लोवाक, मैसेडोनियन, फ्रेंच, रूसी, यूक्रेनी, स्लोवेनियाई, हंगेरियन और अरबी में अनुवाद हुआ है।

उन्हें 2016 में *गायत्री गामर्श स्मृति पुरस्कार* से सम्मानित किया गया और 2020 में *टैगोर साहित्य पुरस्कार* के लिए नामांकित किया गया।

ई-मेल : sonnetmondal@gmail.com

लौटती दोपहरें

सॉनेट मंडल

अनुवाद
सरबजीत गरचा
मंगलेश डबराल
तुषार धवल

राजकमल पेपरबैक्स

राजकमल पेपरबैक्स में
पहला संस्करण : 2024

राजकमल पेपरबैक्स : उत्कृष्ट साहित्य के जनसुलभ संस्करण

राजकमल प्रकाशन प्रा. लि.
1-बी, नेताजी सुभाष मार्ग, दरियागंज
नई दिल्ली-110 002
द्वारा प्रकाशित

शाखाएँ : अशोक राजपथ, साइंस कॉलेज के सामने, पटना-800 006
पहली मंजिल, दरबारी बिल्डिंग, महात्मा गांधी मार्ग, प्रयागराज-211 001
1, अनमोल सोराबजी सन्तुक लेन, धोबी तलाव, मरीन लाइंस, मुम्बई-400 002
वेबसाइट : www.rajkamalprakashan.com
ई-मेल : info@rajkamalprakashan.com

विकास कम्प्यूटर एंड प्रिंटर्स
ट्रॉनिका सिटी-201 102
द्वारा मुद्रित

मूल्य : ₹250

LAUTATI DOPAHAREIN
Poems by Sonnet Mondal
Translated by Sarabjeet Garcha, Manglesh Dabral, Tushar Dhawal

ISBN : 978-93-6086-510-8

मेरे जीवन के मार्गदर्शक

माता-पिता को

क्रम

लौटती दोपहरें

सरबजीत गरचा द्वारा अनूदित

शेष-अवशेष

आने वाले पल जल्द ही चले जाएँगे

खिलने को हैं जो फूल, झड़ जाएँगे
बढ़ते हुए पेड़ समय के सामने झुक जाएँगे
लुढ़कते पत्थर मिट्टी में तब्दील हो जाएँगे

रोना है तो जल्दी रो लो
हँसना है तो अभी हँस लो

भावनाओं के तार भी हो जाएँगे अतीत
समय की समाधि में हो जाएँगे लीन
सारे हर्षोन्माद

रह जाएँगे शेष
तो केवल अवशेष

खोया हुआ आम का पेड़

आम का पेड़ जो बोया था मैंने
आज कहीं खो गया है
मेरी ख़्वाहिशों के जंगल में

मैं साबुत आम फेंक दिया करता था
घर के पिछले आँगन में
उन्हें पेड़ बनता हुआ देखने के लिए

नहीं उगा एक भी पत्ता
सिवा एक आधे खाए हुए आम से

उसकी शिशु-अवस्था में उसे पानी देने के बाद
मैं जीवन के साथ खाने-पीने में
हो गया व्यस्त

सालों बाद आज
घर के पिछले आँगन में
आम का बगीचा दे रहा छाँव

मेरी यादों को
विस्मृति के कठोर सूर्य से

काश मैंने ख़ुद को कर दिया होता
जंगलों के परोपकार के हवाले

भ्रम

जीने के समस्त भय
उलझे हुए हैं असत्यों में
जिनमें हम लगातार
फिसलते जा रहे हैं

वे उठते हैं
ईंट-दर-ईंट
हमारी साँसों की
परछाइयों में छिपे

लँगड़ाते टिड्डों की तरह
हम छलाँग लगाते हैं
कि कर जाएँ पार
भ्रम की दीवार

अजीब मुलाक़ातें

जीवन में कभी-कभार
हम किसी से टकरा जाते हैं
केवल एक बार

और हमारी हड्डियाँ करती हैं इनकार
पहले की तरह हमारी ख़ाल के भीतर
बसने के लिए

योजनाएँ उठती हैं लहरों की तरह
और सन्देह की तरह लौट जाती हैं

अनुभव और भय के बीच की खाई
लगती है उस अन्तराल की तरह
जिसमें मछली उजागर होकर
छिप जाती है काटें को छकाती हुई

हाँ-ना

जीवन भूल-भुलैया बन जाता है
जब खोजना पड़े
'ना' में अनुमोदन
और 'हाँ' में अस्वीकृतियाँ

वहाँ मिलती हैं
सीमाओं से परे सीमाएँ
विचारों से परे विचार
जीवन से परे जीवन
और सन्देह से परे सन्देह

लेकिन अन्तहीन अन्त

दादी

फूल हिल रहे हैं
कहा होगा कुछ उसने उन्हें
बहुत धीरे-से

पानी गुनगुना रहा है
दिखाया होगा उसने उन्हें
कोई रास्ता

मैं घुटनों के बल बैठा हूँ
उसके पलंग के पास
चमत्कृत
कि वह कुछ कहे
और मुझे निराशा से उबार ले

पुरानी खाट के कोने से दबी हुई
झुर्रीदार त्वचा झूलती है
मेरा माथा छूने के लिए

दादी नहीं
उनकी आत्मा मर चुकी है

मैं मारा जा रहा हूँ उनकी ऊब
और फिर से काम करने की
क्षीण लालसा से

न तो मैं मर रहा हूँ
और न उनकी शिथिलता

उड़ते पत्थर की तरह
विचार लाँघते हैं
मेरी उदासी

ऐसा क्यों लगता है कि मेरे तमाम बरस
एक ही क्षण में हो रहे हैं ताला-बन्द?

क्यों

क्यों लगता है जीवन
हवाई जहाज़ की खींची हुई
सफ़ेद लकीर की तरह?

आद्य क्षण

कविताओं की किताब पढ़ते हुए
उस क्षण के बारे में सोचने की कोशिश करता हूँ
जब विचारों का पहला प्रवाह
पन्नों से बह निकला होगा

संगीत की एल्बम सुनते हुए
उस क्षण के बारे में सोचने की कोशिश करता हूँ
जब पहले गीत के पहले स्वर ने
उसकी जड़ों को चूमा होगा

नंगे पाँव चलते हुए
चिरनूतन मिट्टी और बजरी को मसलते हुए
उस क्षण के बारे में सोचने की कोशिश करता हूँ
जब राख से पृथ्वी बनी होगी

लेकिन वे क्षण
इस ग्रह का पहला क़िस्सा
कभी नहीं सुनाते

एक निराकार क्षुद्रग्रह की तरह मेरा सिर
आदि के चारों ओर घूमता है

मन की उस स्थिति
के भीतर झाँकने के लिए
जो देती है समय को गति

ताला बन्द

कभी-कभी
ताले का लोहा भी
सोचता होगा
मुझे क्यों ढाला गया
इस रूप में

निर्भीकता के संग
आया हुआ जीवन
बह गया अलगाव में
उदास ज़ंग
की जीभ के कारण

ताले की जान अटकी है
चाबी और उँगलियों के बीच

शिकार

मैं उस दुनिया में रहता हूँ
जहाँ अक्सर शिकारी
शिकार हो जाते हैं

बहती हवा से उपजी
अतीत की कहानियाँ
कुशल शिकारी बनने का सपना
परे सरका देती हैं

और मेरी व्यर्थ इच्छा
किसी बूढ़े की तरह खाँसती है

इसलिए मैं हमेशा हवा को
सुनने की कोशिश करता हूँ

जो मेरे भीतर के शिकारी को
बढ़ने का मौक़ा कभी नहीं देती

इसलिए मेरी कभी तलाश नहीं की जाती
इसलिए मेरा कभी शिकार नहीं होगा

दोष

ज़रूरी नहीं कि जो चाहो
वही हो हमेशा

और यह नहीं पता
कि दोष किसे दें

अपने प्रयासों को हम
अन्तर्ज्ञान की ज़ंजीरों से जकड़कर
गुलाम बनाने की कोशिश करते हैं

आक्षेप की कीलों से
नियति की समाधि बनाने का यत्न करते हैं

मैं कौन हूँ?

मैं कौन हूँ
यह जानने का जुनून
आवारा पक्षियों के पंखों के नीचे
डूबते हुए सूरज की तरह
मँडराता रहता है

जो अज्ञात से निकलकर
अज्ञात में लोप हो जाते हैं

जब मैं छुप जाता हूँ

कभी-कभी किसी पेड़ के नीचे
छिप जाता हूँ
और उसकी छाया को
अपनी छाया धारण करने देता हूँ

किसी गुमनाम ब्रह्मांड का
सपना करता हूँ आत्मसात
जो एक रोते हुए शिशु को
अपनी निरन्तर गहराती गोद में समेटे हुए है

मेरी परछाईं
अपनी शाखाओं में खो जाती है
और मेरे संवेग
जंगल के भाव-समाधि में समा जाते हैं

जब जंगल बोल उठा

मेरे दुख ने सिर उठाया
तो दिखा
एक मृत पेड़ का कंकाल
जिसे कर दिया था सजीव
जुगनुओं ने अपनी प्रदक्षिणा से

फ़ेरी का नाईट हॉर्न

जुलाई की बारिश की धड़धड़ का
बन्द आँखों से ध्यान करते हुए

मैं बीते बरसों को काट रहा था
भावों के हँसिये से

मेरे अतीत की गूँज की मिट्टी
अब भी ढीली और कमज़ोर थी

और गंगा की तरह
मेरी यादें उघड़ रही थीं
गोधूलि में नावों की छवियाँ
जिन्हें नदी से आती हुई
ठंडी हवा ने छुआ था

मेरी पलकें बन्द थीं
थकावट के मारे उदासीन

मेरे दिल की धड़कन
अतीत में धँसे दिनों की टोह ले रही थी

वे दिन जो पानी में मुस्कुराकर
अपने होने का एहसास दिला रहे थे
और रात के हॉर्न की आवाज़ में बोल रहे थे

समय के साथ

जब मैं चला
समय भी बहुत तेज़ी से चला

जब मैं दौड़ा
समय और तेज़ी से दौड़ा

इसलिए मैं स्थिर खड़ा रहा
और बिना किसी ज़ोर या इच्छा के
अपनी गति की समता को देखता रहा

समय मेरी छाया है
उजाले में अदृश्य

नंगी आँखों से छिपी
सहज-बोध के लिए खुली

समानताएँ

मेरे कमरे की दीवारें
बरसों से खड़ी हैं

एक-दूसरे को देखती हुई
लेकिन न तो उन्होंने कभी बात की
न ही कभी पास आईं

अगर वे पास आने की कोशिश करें
तो ढहकर लहूलुहान हो जाएँगी

वे रेल की पटरियों की तरह हैं
जो अपनी ज़मीन को धरे काँपती हैं

ज्ञात को इनकार

मैं अब फिर से अपने रास्ते आ गया हूँ
जानी-पहचानी सड़कों को छोड़कर
जिन पर अब तक भटक रहा था

सीधी सड़कें हमेशा
भूल-भुलैया में जा पहुँचीं

वह बनने में मेरी जीत हुई
जो मैं नहीं हूँ

और मैं भटकता रहा

एक परित्यक्त ग्रामीण इलाके में
अन्धे सम्भ्रम की तरह

व्यग्र ध्वनियों जैसे सुनाई पड़ती

बेतरतीब चहचहाहट की तरह

ढलते दिन का छलावा देती हुई
बादलों से ढकी भोर की पहली रोशनी की तरह

किसी ग़लती जैसे भुलाए
उल्लसित प्रेम की तरह

लौट आया हूँ अपने रास्ते पर
ज्ञात की गुलामी से
अज्ञात की स्वतंत्रता की ओर अग्रसर

मेरा कभी कोई पसन्दीदा चेहरा नहीं था

मैं उसे प्यार से याद करता हूँ
लेकिन उसका चेहरा नहीं

उसकी बोलचाल
लेकिन उसकी आँखें नहीं

उसकी हँसी
लेकिन उसके होंठ नहीं

उसकी उसाँस
लेकिन उसके स्तनों की गोलाई नहीं

मेरा कभी कोई पसन्दीदा चेहरा नहीं था
लेकिन एक पसन्दीदा धारणा है

मैं अनुभव बटोरता हूँ
गोया समुन्दर किनारे मँडराती चिड़ियाँ हों

वे सब के सब यादगार नहीं हैं

वे आश्चर्य की कसौटी पर
खरे नहीं उतरते

पथरीले समुद्रतटों पर लहरों की तरह
टकराती और टूटती

कुछ संवेदनाएँ समय की गहराइयों पर
तैरती रहती हैं

बाक़ी डूब जाती हैं
असार के भार से दबी

हवा इर्द-गिर्द

जब दूसरी कक्षा में था
तब दसवीं के बारे में सोचा करता

अब जबकि इतने बरस बीत चुके
मैं बचपन को याद करता हूँ

एक परिचित हवा मिलती है
हर नुक्कड़ और दरार में
गलियों से घाटियों तक
पहाड़ के तम्बुओं से
नदी की नावों तक

स्थानों और गुज़रते समय के प्रति
प्रतिक्रियाओं से भरी हुई

नीरवता के उथले पानी
और स्थानीय गंधों की गहराई में तैरती हुई

वह त्रिपुरा में भी थी
और आयरलैंड में भी

अब जब मुझे उत्तर-पूर्वी बारिश
और किन्सेल की ठंड याद आ रही थी
तो वही हवा आई
बारिश से भीनी-भीनी महक को लिए

उसी फीकी गंध की
चाहे जितनी गहरी साँस भरूँ
चाहे जितनी याद ताज़ा करूँ

वह गुमनामी का इंतज़ार करती है
ताकि थम जाए उन्माद
फिर धीमी सीटी की तरह बजती है
ताकि मैं समझ जाऊँ
अब तक जिए हुए के मूल्य को
और प्राकृतिक शक्तियों की गोद में
आशा के महत्त्व को

दादाजी

पीताम्बरी पृष्ठभूमि में
पंछी घर लौट रहे थे

कुछ चीलें
उनके नए-नवेले घोंसलों के ऊपर
मँडरा रही थीं
मेरा घर हमेशा उन लोगों के लिए
मील का पत्थर रहा है
जिनके लिए पूरा आकाश
एक ही रास्ता है

कल बालकनी की ग्रिल से
उन्हें देखते हुए
मैं अपने दादाजी के बारे में सोच रहा था
उनकी छवि इतनी स्पष्ट थी कि
मुझे पहुँचा रही थी
जंगलों में कहानियों में आश्चर्यों में

छुटपन में
मुझे अजीब-सी ख़ुशी होती थी
फसल कटाई के दौरान
उनके साथ झोपड़ियों में बैठकर
हरे-भरे पेड़ों को देखते हुए
पराली की स्वच्छ उज्ज्वल गंध का
इन्तज़ार करते हुए

आज सुबह
दादाजी बिना बताए मिलने आए
दहलीज़ लाँघकर मेरे कन्धों पर
अपने हाथ रखते हुए बोले—
तुम अब वह छोटे बच्चे नहीं रहे
मेरे पीछे भागते हुए नहीं आओगे...

मैं अलविदा कहते हुए उठा
वे मुस्कुराए
नब्बे साल की उम्र में भी सुन्दर

ऊपर गहरे नीले आकाश में
पंछी अपना दिन शुरू करने के लिए
उड़ रहे थे
हम वही हैं लेकिन
हमारी प्राथमिकताओं ने
अपनी दिशा बदल दी है

कुछ चीज़ें न बदलें तो ही अच्छी लगती हैं

दुबई में एक मॉल के
काँच से बने आर्केड के सामने टहलते हुए
मैंने माँ को एक सेल्फ़ी व्हॉट्सएप की
उस छोटी-सी ख़ुशी को
साझा करने के लिए जो मैंने
उन चमकदार दुकानों में खोज ली थी

कोई जवाब नहीं आया
सिवा एक फ़ोन कॉल के
जिसमें मुझे कहा गया—
अच्छे से रहो

आज सुबह जब मैं घर जा रहा था
तो हरे-भरे खेत और
छोटे-छोटे मिट्टी के घर
मेरी आँखों के सामने पसरे थे

मैं उतर गया अपने ख़यालों में
झुके हुए खजूर के पेड़ों की तरह
जिनकी छवि गाँव के तालाब में
उतरी होती है

अँधेरे में तैरते हुए

एक बार अन्धकार और सूनेपन में खिंच जाने के बाद
रोशनी हमेशा एक भ्रम बनी रहेगी

फिर भी दिन का उजाला, दीये की ज्योती, आग का तेज
और हर तरह की रोशनी तुम्हें बहलाती रहेगी
रोशनी का छलावा देने वाले स्रोत की ओर
ज़िद से आगे बढ़ने के लिए मजबूर करती हुई

जब तक फिर अँधेरा नहीं हो जाता
तब तक सूर्यास्त यह समझने में मदद करेगा
कि रोशनी केवल एक टिमटिमाहट है
अँधेरे में तैरती हुई

न कभी कोई अन्त था
न ही उत्पत्ति

कहानियाँ जो धुँधलेपन ने सुनाईं

एक धुँधली शाम में
एक मन्द रोशनी ने
मेरे जीवन के क़िस्से सुनाकर
मुझे तसल्ली दी
ऐसी कहानियाँ थीं वे जो अब तक
मेरी आँखों और कानों से छिपी रहीं

इतने सारे वर्ष पल भर में नहीं बीते
मैं केवल अपने दम पर बड़ा नहीं हुआ

मेरे बचपन की अनछुई दीवारों में
अनकहे क़िस्से उकेरे हुए हैं

मेरी परवरिश के प्रक्षेपित ढाँचे
उन हवाओं में हैं
जो मेरी साँसों में नहीं समाईं

आज की मन्द रोशनी का
हवाओं के साथ यह समझौता है
कि मुझे बताएँ
मैं कैसे और कहाँ हूँ
ताकि इत्मीनान से सोच सकूँ
कि क्यों है मेरा वजूद
इससे पहले कि वह मिट जाए

बेघर

फटा हुआ तकिया, फटे जूते
पतली चादर

सोता है बेघर
अपनी तितर-बितर गृहस्थी के साथ

बुदबुदाते हुए करता है दावा—
मुझे दया की भीख नहीं चाहिए

अगर चाहिए तो सिर्फ़
कोई बतियाने को

ताकि जम चुकी योग्यता को
धूप लग जाए

आँसू

हम पैदा हुए थे निष्कपट लेकिन जब
आँसुओं को अलग-अलग
नाम देने की पड़ी ज़रूरत
तो नफ़रत करने की कला में
हमने पा ली महारत

एक दलित की मौत

ऊपर मैले बादल
छन जाने के लिए मशक़्क़त कर रहे हैं
छलनी में बुरी तरह फँसा है कीचड़
पुरानेपन के कारण बन्द हो चुके हैं छेद

गरजते बादल
अभी-अभी हुई मौत से
हमें कहीं दूर ले जाने की कोशिश में हैं

उस लड़के का अन्तिम प्रस्थान भी था
एक जीवन जो हमारा हो सकता था

हवा की तेज़ धारा रह-रहकर
दिल के रास्ते बहती है
बादल फटने की चेतावनी देती हुई

सिस्टम का पतन
दूर नहीं

धुंध और नशा

आसमान साफ़ लग रहा है
फिर भी मैं उसके पार नहीं देख सकता

जो स्पष्ट है
उसकी गहराई
अस्पष्ट लगती है

मेरी अन्तर्दृष्टि की दूरी
टूटी पतंग की तरह मँडराती है

जो अपनी आज़ादी का मज़ा
नहीं ले सकती

चलते-चलते

जितना कम महसूस करता हूँ
उतनी ही कम कड़वाहट होती है
अनगिनत आँखों वाली दुनिया में
घूमते हुए

बन जाना चाहता हूँ
बचे रहने की भीख माँगती
सीमा की मिट्टी

काटकर फेंक देना चाहता हूँ अपने कान
उन क्षणों के सामने
जो ज़ख़्मों को देते हैं आकार
जब तथ्य आते हैं
अलग-अलग जामा पहनकर

शीर्षकविहीन

1

जब मैं मरूँगा
तुम मेरी मृत्य के
क्षण के बारे में सोचोगे

2

कभी-कभी अनजाने ही
हो जाती है सड़क पार
और तब पता चलता है
कोई सड़क भी थी

3

जब पुराने पत्ते झड़ जाते हैं
पेड़ ख़ुशी-ख़ुशी नए पत्तों के लिए
जगह बनाते हैं

4

जब मैं यहाँ हूँ
मेरे भीतर एक दुनिया बन्द है
जब मैं चला जाऊँगा
तो मेरी दुनिया आज़ाद होकर
धरती पर घूमेगी

चाहिए एक जंगल

जब-जब नशे में होता हूँ
दुनिया को वर्षावन के रूप में
देखने की कोशिश करता हूँ—
उनींदा और नीरवता से भरा-भरा
विभ्रमित कलाकारों द्वारा
पेंट की हुई मिटी-मिटी-सी
लताओं के बीच सुरक्षित

न कोई भाषा   न कोई बहस

सिर्फ़ अलग-अलग आवाज़ें
और कभी-कभी चीख़ें
मद्धम रोशनी में दिपदिपाती काई की
पृष्ठभूमि पर एक गहरी नींद में
घुसपैठ करती हैं

हम जंगल में रहने लायक हैं
स्वतंत्र प्राणियों और

उन लोगों की तरह
जिन्होंने अपने अस्तित्व को
काम और थकान की
कोठरियों में
क़ैद कर लिया है

हम जानवरों और कीड़ों की
बराबरी करने लायक हैं

बेड़ियों में आस्था

दूर कोलियरी से आती हुई सीटी
और कलकत्ता मेल की सीटी
रोज़ पुकारती हैं मुझे
रात के खाने के बाद

ट्रेन की तीख़ी गूँज
और पहियों की लयबद्ध धुन
मेरे सपनों की लड़की की
एक उदात्त छवि बनाती है

लहराती और मुस्कुराती
चीख़ती और रोती
खड़े-खड़े सिर्फ़ मेरा इन्तज़ार करती
घास, पेड़ और बाड़ों के बीच
जो एकान्त और आशा में बल खाते हैं

असन्तुलित ज़मीन की ढाल
बादलों और चन्द्रमा के साथ

लुका-छिपी खेलती हुई
यथार्थ को धुँधलाती है

मेरी निष्ठा लाइलाज है
मेरे आनन्द का मुखौटा भी
जो दिखाता हूँ मैं
जब खिंचा चला जाता हूँ
कोलियरी की सीटी के पीछे

मेरी निष्ठा ट्रेन में
जंगल में और मेरे प्यार की
धीरे-धीरे भाँप बनती मूरत में है
जबकि मेरी इच्छाएँ
अकाल और समाज की बेड़ियों में बँधी हैं
जो मुझे पागल समझ सकते हैं
जब मैं अपनी नौकरी छोड़कर
किसी धुँधले जंगल में खो जाऊँगा

बिस्कुट फ़ैक्टरी

बिस्कुट फ़ैक्टरी में अब भी है
अनावृत धातु पर चढ़ी हुई
एक पकी हुई सुगन्ध

बचे-खुचे बिस्कुट अब
मिट्टी बन चुके हैं
लेकिन वे फ़ैक्टरी की साँसों को
रोकने में नाकाम रहे हैं

दीवारों पर लिखे धुँधले नारे पुराने घाव हैं
जो अभी तक भरने के लिए तरस रहे हैं

फ़ैक्टरी समय का भक्षण करती है
अपना रंग छोड़ने के लिए
ताकि दीवारों की ईंटें दिखाई दें

जैसे हमारी नज़र बचाकर एक पेड़
अपने पत्ते गिराने को तरसता है

त्रिशूल और चायवाला

त्रिशूल-नुमा लाइटनिंग अरेस्टर
पहले से ज़्यादा स्थिर दिखता है—
बेचैनी और बीते सुख-दुख से घिरा
एक विश्वास जो भविष्य में
निरंतर बह रहा है

न तो लताएँ उसे प्यार दे सकती हैं
न ही कोई लाल या पीला फूल

बन्द कारखाने के पास चाय बेचने वाले ने
कभी इस पर ध्यान नहीं दिया
क्योंकि त्रिशूल ने कभी कोई बिजली रोकी ही नहीं

ख़ासकर जब कट्टरपंथी झंडे
चुपके से लगने वाली ज़हरीली ज़ंग को
साल भर के मानसून की पेशकश कर रहे थे

फाटकों के भीतर अब शून्य है
त्रिशूल पर प्रेम और कलह के धब्बे हैं
और बाहर राहगीरों के लिए थोड़ी चाय

अगर हो सकता

अगर हो सकता मैं गुज़रती हवा
बिना कंकाल, नीतिगत सीमाएँ
और रास्तों के

धान के खेतों की मर्ज़ी से बहता हुआ
घास की जड़ों और गीली मिट्टी के
मैथुन की गंध लेता हुआ

तो कटी हुई मृत फ़सलों की
शिशुवत आत्माओं को
दबोचकर उठा लेता

उन्हें उनके बीजों तक ले जाता
और फिर से उनमें साँस भर देता

प्रेम की स्वतंत्रता

प्रेम की सम्प्रभुता
उन्मुक्त मछलियों की तरह
तैरती है
फँसाने वाले काँटों से भरे
पानी में

दर्द जो जुदा करता है
अपनी ख्याति की परवाह नहीं करता

क्योंकि प्यार अपनी त्वचा को
सूली पर चढ़ाना पसन्द करता है
ताकि वह अपने अस्तित्व के
पिंजरे से बाहर आ जाए

वैराग्य के सत्य को
होंठों में पकड़े हुए

बिना साँस की दुनिया में
साँस लेने के लिए

कई चेहरे

जब चाँद चढ़ता है
और भेड़िये बाहर निकलते हैं

सड़कें अपनी सनक को
अपनी त्वचा के कालेपन में खोंसकर
अलग तरह से साँस लेती हैं

कीड़ों की आवाज़ की आड़ में
अकेलेपन का शिकार करती हैं

और इन सब के साक्षी
रात के पक्षी
दिन में सोते हैं

ताकि टाल सकें उस सभ्यता के सवाल
जो एक जैसी प्रगति के कई चेहरे लिए
टूटे दर्पण की तरह पड़ी हुई है

जलती चिता के सामने

समुद्र के किनारे श्मशान घाट में एक चिता जल रही थी
एक कुत्ता मुझे देखते हुए रो रहा था

आग की लपटों की आवाज़ों और लहरों की हँसी के बीच
लग रहा था मानो समुद्र आसमान के साथ बतिया रहा हो
जलती हुई चिता जलते हुए सिगार की तरह लग रही थी
जिसे सुलगा रहा था नशे में धुत लहरें मारता पानी

लगा जैसे कोई शिशु भूत अपना जन्म होते हुए देख रहा हो

भूत को पिंजरे में क़ैद करने वाला मोहक शरीर
एक ऐसी दुनिया छोड़कर जा रहा था जिसे भूलना पसन्द है

चलती साँसें कुत्ते के रुदन जितनी मामूली लग रही थीं
और जीवन नहीं था अब कोई सन्देह

ऊपर गरजते हुए बादल उन यादों के जैसे थे
जो रूपांतरित करने वाली आत्मा के इर्द-गिर्द मँडरा रहे थे

टिमटिमाती सोडियम लाइट प्रेम और त्याग के मूल्य को
हल्का करने की कोशिश कर रही थी

जो कुछ कहा और किया जा चुका था
अथक लहरों पर व्यर्थ झूठ की तरह तैरता रहा

मुझे लगा मैं कोई और हूँ
उस 'और' बनने का संघर्ष करते हुए
मैंने ख़ुद को खो दिया
अनन्त में एक तुच्छ बिन्दु की तरह

इरादे

मेरे इरादों को दोष मत दो
वे प्यार को न तो बना सकते हैं
न बिगाड़ सकते हैं

नशे से भरी तुम्हारी आँखों ने
मेरे प्यार को छुअन तक सीमित कर दिया है

मीठे पानी की तरह है वह
जो बन जाता है नमकीन
जब अपने प्रवाह से आज़ाद होकर
पा लेता है अपने हक़ की जगह

तुम्हारी आँखों ने भर दी है
मेरी जिह्वा में उमंग

और तुम्हारी त्वचा ने दी है
मेरी गुप्त इच्छाओं को जगह

जानने की ज़रूरत को काटना

मैं उस दिन को याद कर विस्मित होता हूँ
जब मैंने पहली बार बारिश देखी थी

घर की तलाश में
एक खोया हुआ जज़्बा
बादलों की गड़गड़ाहट
और मेंढकों की टर्रटर्र के बीच

उन डूबती बूँदों में
भावोद्गार पाने की ज़रूरत को काटती
मेरी एकान्त प्रेरणा बैठी रही

एक ध्यानमग्न उल्लू की तरह
जो आधी रात में मंत्र उचारता है

घड़ी के पदचिह्न

मेरी उचाट नींद में
दीवार-घड़ी की आवाज़
विडम्बनापूर्ण टिप्पणी है
जो शरद ऋतु की तरह
दरवाज़े की दरार से
प्रवेश करती है

मैं अँधेरे के दबाव को
भेदने की कोशिश करता हूँ

जैसे ही मैं
दृष्टिहीन रात के बन्द लिफ़ाफ़े
खोलने को होता हूँ

कहीं
आवारा गायें धान के खेतों में
सो रहे किसानों के ऊपर से
गुज़रती हैं

एक चील भोर की प्रतीक्षा करती है
शिकार पकड़ने के लिए

एक पुराना फ़ेरी-हॉर्न
डूबे हुए आवेगों को उठाता है

शान्त तालाब में गिरते हुए
कंकड़ की तरह
घड़ी की टिकटिक लौट आती है
निर्दोष गीतों के साथ

जवाब

भीगने की आज़ादी की तलाश में
एक सूखी ज़मीन
तूफ़ान के बाद की शान्ति के बारे में सोचती है

सड़कें इसकी परिचित हैं
लेकिन हवा की महक नहीं

पेड़ अब सम्पर्क नहीं करते
वे अपनी ज़िम्मेदारियाँ निभा चुके हैं

क्या नवाभिव्यक्ति को हमारी ज़रूरत है?

एक ख़ाली कटोरा फ़र्श पर गिर जाता है

आवाज़ जानी-पहचानी लगती है

तूफ़ान के पहले की शान्ति में भी
वह था

उलझा हुआ

अकेलेपन की कहानियाँ
मेरे कम्बल के भीतर गर्म रहती हैं
और चुपचाप बदल जाती हैं

अपने सारे पत्ते खो चुका एक पेड़
बाँहें उठाकर अपनी मृत्यु की
प्रार्थना करता है

काश मैं उन पक्षियों को
उनके गीतों को समझ पाता
जो डालों से आज़ाद होने के लिए
लड़ रहे हैं

बेनाम आदमी

वह सड़क पर गिरा दूध हथेली से उठा रहा है
अपने अन्दर के सूखे को नम करने के लिए
इन सफ़ेद बाढ़ के रास्तों में
प्रवचन के लिए कोई मोड़ नहीं

वे बहुरंगी सपनों को
प्रवासियों की क़तारों में उँडेल देते हैं

हमारे घर के बाहर रोज़ बैठने वाला
मैला-कुचैला आदमी आज मेरी डायरी से
बिना ज़िक्र के ग़ायब है

बेनाम
लॉकडाउन की उपेक्षा करता हुआ

उसने एक समूची कहानी अधूरी छोड़ दी है

जले हुए पन्ने

जिन पन्नों में कहानियों के घर थे
वे आज घर की तलाश में हैं

दीवारों पर लगी पेंटिंग ख़ामोश हैं
उन्हें शोक मनाने के लिए छोड़ दिया गया है

जैसे ही मौन अपने दायरे में आता है
किताबों की नंगी हड्डियाँ
निर्वात की बोली का इस्तेमाल करती हैं
आवाज़ उठाने के लिए
और उकसाने वालों को अपने भीतर समाकर
उनके ज़हर और उकसावे को
तब तक गूँजने देती हैं जब तक कि
उनके कान के परदे फट न जाएँ

किताबें अब भी वहीं पड़ी हैं
अपने अवशेषों के साथ

एकान्त में पढ़ने के लिए बचा हुआ है कुछ
अराजकता के बाद सोचने के लिए भी है कुछ शेष

दशहरा

आइसक्रीम बेचने वाला और ख़रीदने वाला
एक झोंपड़ी की दीवार के पास खड़े थे
दोनों बच्चे थे

दोनों मुस्कुराए—
एक सीमा के दोनों ओर
हुआ ज़बरदस्ती का गठबन्धन

किसी धड़कते हुए गाँव की
पृष्ठभूमि में दशहरे का रावण
जल रहा था

पुरानी पोशाक में
एक गुड़िया
आँखें फाड़े झाँकी से देखती रही
सम्मोहित

कोने में सुरक्षित

कुछ रास्ते लम्हों की तरह होते हैं
डूबते सूरज की तरह
बादलों से ढके क्षितिज पर
ठहरे हुए

ये सड़कें
कभी-कभी बेजान घरों की ओर ले जाती हैं
जो अपने निवासियों के साथ ही मर गए थे

क्षण भी विदा हो जाते हैं
छूटे हुए गुब्बारों की तरह
गूँज में उछलते शब्दों की तरह

कुछ दीवारों में अब भी हो सकते हैं वे लम्हें
लालसा के रेशम से बुने हुए

किसी फ्रेम में सिगरेट पीती यादों के साथ

कल की बारिश

कल की बारिश की बूँदों की हर आवाज़
मेरे नंगे और सतर्क मौन पर
एक भूमिगत स्पर्श के जैसे लगी

हमारे गैराज के टिन शेड पर
जब बारिश बजी
तो हवा कुछ बेचैन-सी लग रही थी

कुछ भटके हुए जवाब
झरोखे पर बैठ गए

मेरे स्कूल के दिन बारिश के बहते पानी में
सूखे पत्तों की तरह तैरते हुए

कटे हुए खेतों पर
ट्रेन की दूर से आती सीटी की तरह टँगे रहे

घर को मरम्मत की ज़रूरत है—

माँ पीछे से बोलीं

मैंने उनकी तरफ़ देखा
और बारिश को महसूस करने के लिए
बरामदे में चला गया

यह देखने के लिए कि वह बारिश
अतीत की कुछ उखड़ी हुई जड़ों को
सींच पाएगी या नहीं

हाइवे पर गाड़ी चलाते हुए कुछ विचार

जब मेरी कार सड़क पर दौड़ रही थी
मैंने महसूस किए तेज़ी से पीछे छूटते कुछ पल
फ्लाईओवर के लैम्प पोस्ट की तरह—
मेरा एक हिस्सा पीछे छूटता हुआ
लैम्प पोस्ट की रोशनी के चारों ओर
चक्कर लगा रहे पतंगों के साथ

अगर मैं चिमनी से निकलने वाले
धुएँ की तरह यात्रा कर सकता
मेरे पास कोई पल नहीं होते
होता तो केवल एक अन्तहीन शून्य हर तरफ़
और रूह को बहुत लम्बी लगने वाली भोर में
देर तक डूबता हुआ चाँद

मौन

क्या पानी से उठती भाँप को
ठंडी धाराओं के साथ
सम्भोग करते देखा है?

उसे महसूस करता हूँ
जब अपनी साँस को
दूसरे की साँस में सुनता हूँ

आधी रात में पुल

शहर का पुल एक और दिन टिक गया है
उसकी धधकती लोहे की पटरियाँ
आसपास की दुकानें
और यातायात
आज रात उस पर फब नहीं रहे

कुछ साइनपोस्ट और स्ट्रीटलैम्प
आसपास के साहित्य को आत्मसात करते हैं
गर्भ में पलते बच्चे की तरह
जो ख़ुद के अस्तित्व से अनजान होता है

जैसे ही सड़कें सोने के लिए तैयार होती हैं
दिन की स्वीकारोक्ति को लेकर
एक घोड़ागाड़ी पुल पर चलने लगती है

छिपी हुई इच्छाएँ

कीचड़ में फुटबॉल खेलते वे लड़के
ढलते दिन की थकी हुई किरणों से भरे
चोर लगते हैं

बॉल के साथ बाहर निकलने पर
वे सूरज को चुराकर
अपनी लंबी छाया में छिपा लेंगे

चिरस्थायी गर्मी के बाद बारिश से लेकर
किसी अलंकृत तालाब के कमल तोड़ने तक

उन्होंने हमारी इच्छाओं को चुरा लिया है—
इच्छाएँ जो हमारी आँखों में स्पष्ट हैं
लेकिन कार की फिसलती
खिड़कियों के पीछे छिपी हुई हैं

समय का मारा

घर की नौकरानी ने
कल के कचरे को
कचरे के गड्ढे में फेंक दिया

उसके अन्दर से
एक काग़ज़ उड़कर
बाहर आ गिरा

उस पर
पिछले महीने आए भूकम्प की सुर्खियाँ
संघर्ष कर रही थीं

मलबे के नीचे दबे लोगों की तरह

पुराने विचार, नई जगहें

कुछ विचार हमें जकड़ लेते हैं
जैसे बरगद की जड़ें धरती को जकड़ लेती हैं
जबकि कुछ गिरे हुए पत्तों की तरह मुरझा जाते हैं
और एक कोने में समा जाते हैं

जो उगते रहते हैं
वे हवा में लटकती जड़ों के समान हैं
कुछ जिन्हें हम याद करना चाहते हैं
वे एक पत्ते पर तैरते हुए
जलमग्न भूमि की ओर चल पड़े हैं

शायद उन्हें बताया नहीं गया था
उस नदी का नाम
जिसने उनके जन्म के पदचिह्नों को बहा दिया

शायद इसलिए
वे अब किसी और के हो गए हैं

मंगलेश डबराल द्वारा अनूदित

झंडों की गुलामी

सड़कों पर झंडे लहराते हैं
पंखों की तरह
किसी सभ्यता को हवा देने के लिए

कूटनीति के डंडों पर चढ़े
वे तड़पते हैं
काँटों में फँसी मछली की तरह

स्व-अस्तित्व

जब आप ख़ुद को दूसरों से ज़्यादा
ख़ुद के साथ महसूस करते हैं

तो जीवन लगता है
किसी गल्प का अंश

जैसे पत्तों की भीड़ में
गिरा हुआ कोई निराश पत्ता
अपने उद्गम में फिर से
जड़ें जमाने की कोशिश कर रहा हो

और अपनी साँसों की डोर के सहारे
झूल रहा हो

यात्रा

धीरे-धीरे जीवन ऐसे ही बीत जाएगा
उड़ते-उड़ते आवारा पतंग की तरह

पहले मैं अपने मन के अंदर भ्रमण करता था
कभी-कभी अपने मन कि बदौलत दूसरों के मन में

फिर मैंने सोचा मेरे शरीर को भी यात्रा करनी चाहिए
इसलिए मैं अब दोनों के साथ यात्रा करता हूँ

जब मेरी हड्डियाँ मुझे त्यागने लगेंगी
तब भी मैं घूमूँगा अपने मन के भीतर

और गिनूँगा अपने भ्रमण के दिन
निहारते हुए अपनी परछाईं का घुमाव

सिगरेट का धुआँ

सिगरेट जलाने के लिए सबसे अनुकूल जगह है
चौड़ी सड़क किनारे बिजली का खम्भा

और सिगरेट पीने का सबसे अच्छा तरीक़ा है
धुएँ को रोशनी की तरफ़ छोड़ना

दिखाई देती हैं
जाती हुई साँसें
छत की तलाश में
बिखरती हुईं

फिर प्रकाश की ओर
जुड़ती हुईं

शून्य में डूब जाता है पदार्थ
फिर केवल राख रह जाती है

जीवन लगने लगता है कोई काल्पनिक नशा
जब ख़त्म हो चुकी सिगरेट की महक
दूसरी सिगरेट जलाने के लिए उकसाती है

छत

मेरे 1997 के घर की छत
रात के अँधेरे में मेरा रोज़ का अड्डा है
यह मेरे एकान्त की आदत है
जो लोमड़ियों की चीख़ें
और हुश-हुश करते पेड़ों से बहती हुई
सुरीली हवाओं की सवारी करता है

कभी-कभी जीवन का सामना करने का साहस
बहाना लगता है
और छत पर मेरे जीवन का यह दैनिक हिस्सा
थकान से राहत
और बचने का रास्ता बनता है

कभी-कभी एक उल्लू
सड़क के किनारे महोगनी के पेड़ पर बैठता है
मुझसे एक गूढ़ बोली में बतियाता है
उसकी आवाज़ मैं दिन के कोलाहल से
ज़्यादा पसन्द करता हूँ

न बुझने वाली एक प्यास
चेतावनी भरे बादलों को देखकर मुस्कुराती है

मेरे विचारों ने
नवाचार और पुनर्निर्माण की नसों को सोख लिया है
मेरी हड्डियों और माँस का ढाँचा छोड़ दिया है

एक दु:साहसी जीवन
समय द्वारा बुने हुए कोकून के आवरण से
मुक्त होने के लिए छटपटा रहा है

महक

खोद निकालती है नाक
ऊपरी मिट्टी के नीचे दबे
हमारी यादों के क़िस्से

दृष्टि के बिना
गंध हमारे रूह की
गहरी खुदाई करती है

तराशती है
हमारे अवचेतन के
आसपास जमी काई

जो खो चुका था
वह एकदम दिख जाता है
प्रकाशहीन दुनिया के किनारे
बहती हवा की तरह

उस जहान में हवा
ठहराव की किताब है
और नाक पाठक

कूड़ा बीनने वाला

जब एक छोटी लड़की ने
पास आकर
एक सिक्का माँगा
देखता ही रह गया मैं

लगता है
दुनिया आजकल
कचरा कम फेंक रही है

पहले कूड़ा बीनने वाले
चुप-चुप रहते थे
या फिर शायद अब
मैं अमीरों का कूड़ेदान हूँ

तुषार धवल द्वारा अनूदित

मरता हुआ सैनिक : कुछ छवियाँ

1

एक थके हुए सिर पर अनिच्छा से टिका हुआ कॉम्बैट हेल्मेट
और गर्भ में गोलियाँ रखी हर वक़्त चौकन्नी एक बन्दूक़
एक-दूसरे से टिके हैं अनसुलझे अनुशासन में
एब्सर्ड और अद्भुत का अनोखा मिश्रण।

2

आँखें टिकी हुईं उगती सुबह पर, जो अपने दिल में सूरज लिए
रस भरे बादलों की उनींदी छाया को सोख लेती है
आँखें झपकती हैं छुई-मुई की तरह जब विचार मर रहे होते हैं
घुसेड़ी गई देशभक्ति की सरहद पर।

3

धुएँ की चादर पीछा करती है कहीं बहुत दूर हुए हवाई हमलों की
और ऊपर बादल अपनी गरज से चीख़ती दलीलों को दबा रहा है

एक थकी कल्पना म्यूज़िकल नोट्स की तरह उठती और गिरती है
यथार्थ की डोर पर, जो बोझिल निर्जनता में बक्सा-बन्द है।

4

एक अविश्वासी हाथ सिगरेट जलाता है और पथराव करता है
पास के किसी गड्ढे से, त्यौरियाँ चढ़ाता है तय परिणाम पर
एक जोड़ा युद्धरत होंठ भुनभुनाते हैं बचपन का कोई गीत
भटकते हुए धुएँ से एक मनहूस बवंडर उठता है।

5

वह सिर पड़ा है बेजान, उसकी आँखें अब भी जड़ी हुईं इस होती सुबह पर
वह बन्दूक़ अगले साथी के इन्तज़ार में है और हेलमेट ढुलक आया है
वह मरा-सा गड्ढा लगभग सूखा हुआ अब और पानी नहीं दे पाता
और वह बहता ख़ून भी उसे भर नहीं पाता।

6

अपने शैशव में एक परिवार खेलता है घर में, बेख़बर
तर्क टूटी दीवारों को खरोंचते हैं, रास्ता खोजते
इन जादुई बन्दूक़ों को पॉप कल्चर से मिटा देने का
पीड़ा की बिखरी रेत में आशा की मरीचिका मुस्काती है।

कोई नहीं दरवाज़े पर इन्तज़ार में

यह दरवाज़ा यादों की एक सूनी नाव है
जो अकेली तिर रही है चरमराती आवाज़ में
उस भय भरती नदी में—
जो पकड़ कर भींच लेती है मुझे
भूतकाल में दौड़ जाने की उम्मीद के खिलाफ़
वह नाव—
जिसे मैं अपने ननिहाल जाती कच्ची सड़क से
देख सकता था।

यादों के शान्त गहरे पानी पर
बैलेंस बनाते काठ के पटरों की
चर्र-चों की आवाज़ें
जैसे किसी बियाबान से उठती आवाज़ें थीं
जो उन यादों में घुसने के ख़िलाफ़ चेतावनी थीं मेरे लिए

वहीं दूसरी तरफ़
अतीत की महक
भूतकाल से टहलती आती उन्हीं हवाओं के कन्धों पर सवार थी

जिसमें महक थी पिछली आँधी में गिरे कच्चे आमों की
गर्मी की ऊँघती दोपहर की आवाज़ों ने
अपनी बातों में फुसलाकर मुझे उन हवाओं को सूँघने से रोक दिया

यह सिर्फ़ दो दशक पहले था
कि मेरी ज़िन्दगी छन्द थी
और अब—मैं गम्भीर कविताएँ चाहता हूँ
मुक्त होने के ख़यालों में सबसे अधिक मुक्त था
क़ैद रहना
बचपन के अपने गाँव में
कच्ची सड़क, पानी
और आम के बग़ीचे में

वह सब कुछ था—बस कुछ ही पल पहले।
वे पल मेरी उम्मीद से बड़े हो गए हैं
और अब, जब मैं अपने नाना से मिलने आया हूँ
मैं सुन सकता हूँ
लपलपाती लू को
जो एक जोड़ा दरवाज़ों को झकझोरती
फड़ाफड़ाती हुई बहती है
उस दरवाज़े पर जहाँ कोई नहीं है इन्तज़ार में।

हरामज़ादी सरहदें और झंडे

कोई आनन्द नहीं हो सकता
मरे पशुओं का उत्सव करने में।
गाय तो कब की मर चुकी है
और सूअर यहाँ-वहाँ बिखरे पड़े हैं।
कुछ पैर अभी भी थरथरा रहे हैं।
माटी से—
कुछ के अँकुर फूट आए हैं
कन्द की तरह उनकी देह
ज़मीन के भीतर दबी है
तुम सबने गूँगे पशुओं को शहीद कर
फिर से एक पाठ गढ़ लिया है।
तुम कट्टरों के लिए
ये गूँगे और अस्पष्ट पन्ने
सबसे आसान थे विकृत करने को
कि हंगामा खड़ा किया जा सके

कविता की स्पष्टता भी अभी
किसी मदहोश अस्पष्टता में फँसी हुई है

और सभी इन्तज़ार में हैं
आँसुओं के इन्तज़ार में
उस कठोर आकाश से
जो भारी है लेकिन सहनशील। वे सब
नाटक कर रहे हैं निष्क्रियता का
चोरी छिपे नज़रें मिलाते हैं
देश की सीमा के बलात्कार पर
गलियों में
पूरी अटलता से
एक जल प्रलय उतरेगा आकाश से
क्योंकि तर्क खो चुके हैं इन अन्धेरों में

चिढ़े हुए इन सन्देशवाहकों को तब
तलवारों और धर्म-ध्वजों का व्यूह भेद कर
निकलना होगा
नोंकों और छोरों से
चीरते हुए उनके उपदेशों को

इन हरामज़ादी सरहदों पर।

युद्ध के समय में आस्था

गर्मी का एक मौसम युद्ध करता है भीतर
और आँसू सूख जाते हैं
हारे हुए सैनिक निर्वासित
ख़ून के साम्राज्य से

घायल कविता रोज़ाना की सड़क के नुक्कड़ों पर
मृत्यु का उपहास करती है
जैसे जूते की हील से यूँ ही कुचली जाने के बाद भी
अधबुझी सिगरेट से
धुआँ निकलता रहता है बिना रुके
रहस्य की छाया में मरते सपने
भाग्य के आदेशों को धता बताते हैं

क्रूर मिसाइलों से घिर कर
बहती उदासियाँ
ज़ंग खाए झरोखों से सिर टकराती हैं

स्मृति और आस्था की पैनी जकड़

जीवितों में उम्मीद जगाती है
और अचानक हुए विस्फोट की हैरत
मुखौटे झाड़ देती है—

सियारों के रति-रोदन और
परागों से जगी उत्तेजना के बीच

यह हवा सूँघ लेती है ज़हर
और शून्य, अनजान
फिर भी, हम साँस लेते हैं, गहरी आस्था में
कि हम प्रेम की उपज हैं
और किसी गर्माहट में दफ़ना दिए जाएँगे।

दादाजी का बरामदा

हमारे पुराणी घर की बरामदे के बाहरी छोर पर बैठे
दादाजी आते-जाते परिचितों के अभिवादन पर
सिर हौले से हिलाते, समय जोतते
सड़क के उस पार से देखते रहते थे

उनके जीवन के अन्तिम दिनों से वह याद है मुझे
जब वह प्रायः
अपने उसी बिस्तर पर पड़े रहते थे
जिस पर वह पिछले छह दशकों से
सोया करते थे

आजकल मैं अक्सर
हमारी नई घरकी खुली बालकनी में
बैठा करता हूँ
कुछ लोग मुझे देखकर हाथ हिलाते हैं
कुछ सिर्फ़ मुस्कुराते हैं
और कुछ तो सीधे निकल जाते हैं

मैं यहाँ तब तक बैठा रहूँगा
जब तक कि उन सभी की आँखों में
जिन्होंने दादाजी को देखा था
यह अनुभूति बनी रहे
कि जैसे दादाजी आज भी
उसी बरामदे में वैसे ही बैठे हुए हैं

एक अनिवार्य दृश्य उन जगहों का
जहाँ हम रहते हैं
एक शोकाकुल ताबूत जैसे
हमारे लौट जाने के बहुत पहले से

एक झोंका मेरे बचपन से

गर्मी की छुट्टियों की एक दोपहरी
माँ ने मेरे लिए माटी की कुछ आकृतियाँ बनाई थीं
और उसे लाल रंग से रँग दिया था

सौदा यह था
कि बदले में मुझे कुएँ में नहाना
और फिर भोजन करना था
इससे पहले कि वह खिलौने मुझे मिल सके

खाट की छोर पर रखे
वे खिलोने गिरकर टूट गए
जब मैं तरकारी और भात से उलझ रहा था

कहीं दूर से मुझे लगा
जैसे मेरे मन की नई रँगी दीवारों पर
उमड़ता जल टकरा गया हो

यह मेरे कल्पनाओं के रंग थे

दशकों बाद मैं सोचता हूँ
उस एक क्षण के बारे में
जिसमें मैं बड़ा हो गया
उस एक क्षण के बारे में
जिसमें मैं बूढ़ा हो जाऊँगा
यह घूमते पहियों से
किरण के एक चमक के मिट जाने जैसा है

मैं अभी कुछ दूर हूँ और देख सकता हूँ
मेरे घर की दीवारें गिर रही हैं
उन्हीं खिलौनों की तरह जो माँ ने बनाए थे

मैं महसूस करता हूँ एक हवा
मेरी छाँह को शीतल कर रही है

यह उन्हीं बाग़ों से आती होगी
जिनसे मेरा बचपन का घर घिरा हुआ था

मलबा

इन किताबों में अब काग़ज़ों की महक नहीं है

काग़ज़ों में शिक्षा की गंध नहीं है

सूखे पत्तों-सी भटकती है शिक्षा

और पत्ते आँख पर आँसू की तरह टपकते हैं

यह मलबा मेज़, कुर्सी और किताबों के
असफल विद्रोह-सा लगता है

ये खिन्न मनुष्यता के कंकालों से लगते हैं जो
ऊबड़-खाबड़ लय में खरखरा रहे हैं

मैं महसूस करता हूँ नगाड़े बजाती अपनी हड्डियों को
लेकिन उनकी ताल नहीं समझ पाता

यह विष अपना ही एजेंडा फैला रहा है

मेरे कान अब मूर्च्छित हो रहे हैं

मुझे जाने दो अब
यदि यह मलबा किसी दिन पाठशाला का आकार लेने लगे
म्यूज़ियम का नहीं

तब अवश्य बुला लेना मुझे इसी भूमि में

अनुवादकों के बारे में

सरबजीत गरचा

सरबजीत गरचा कवि, अनुवादक एवं संपादक हैं। उनकी अंग्रेज़ी कविताओं के तीन संग्रह प्रकाशित हो चुके हैं—द *हाफ़-मून हेलो, ललबाय ऑफ़ द एवर-रिटर्निंग* एवं *अ क्लॉक इन द फ़ार पास्ट*। चौथा कविता संग्रह *ऑल व्ही हैव* प्रकाशनाधीन है। इसके अलावा हिन्दी में एक कविता संग्रह, हेमंत दिवटे की मराठी से अंग्रेज़ी में अनूदित कविताओं का एक संग्रह और अमृता प्रीतम के सपनों पर आधारित एक पुस्तक का अंग्रेज़ी अनुवाद भी प्रकाशित। उन्होंने कई अमेरिकी कवियों का हिन्दी अनुवाद और कई हिन्दी कवियों का अंग्रेज़ी अनुवाद किया है, जिनमें मंगलेश डबराल और लीलाधर जगूड़ी भी शामिल हैं। उनकी कविताएँ, अनुवाद और निबन्ध देश-विदेश की दर्जनों प्रतिष्ठित पत्रिकाओं में प्रकाशित हुए हैं। विभिन्न संकलनों में उनकी कविताएँ संकलित हैं। उन्हें भारत सरकार के संस्कृति मंत्रालय की कनिष्ठ फ़ेलोशिप (2013-14) और ब्रिटिश काउंसिल की इंटरनेशनल पब्लिशिंग फ़ेलोशिप (2022) मिली है। उनकी कविताएँ जर्मन, स्पैनिश, रूसी, मलयालम, कन्नड़, मराठी, पंजाबी और हिंदी में अनूदित हुई हैं। वे कॉपर कॉइन प्रकाशन (www.coppercoin.co.in) के संस्थापक एवं संपादकीय निदेशक हैं।

मंगलेश डबराल

मंगलेश डबराल *प्रतिपक्ष, आसपास, पूर्वग्रह, जनसत्ता* और *सहारा समय* आदि पत्र-पत्रिकाओं में लम्बे समय तक काम करने के बाद तीन वर्ष तक नेशनल बुक ट्रस्ट के सलाहकार रहे। उनके छह कविता-संग्रह *पहाड़ पर लालटेन, घर का रास्ता, हम जो देखते हैं, आवाज़ भी एक जगह है, नये युग में शत्रु, स्मृति एक दूसरा समय है;* तीन गद्य-संग्रह *एक बार आयोवा, लेखक की रोटी, कवि का अकेलापन* और साक्षात्कारों का एक संकलन प्रकाशित हैं। उन्होंने बेर्टोल्ट ब्रेष्ट, हांस माग्नुस ऐंत्सेंसबर्गर (जर्मन), पाब्लो नेरुदा (स्पानी), डोरा गाबे (बल्गारी) आदि की कविताओं का अंग्रेज़ी से अनुवाद किया। वे जर्मन उपन्यासकार हरमन हेस के उपन्यास *सिद्धार्थ*, अरुंधति रॉय के उपन्यास *अपार ख़ुशी का घराना* के अनुवादक और बांग्ला कवि नवारुण भट्टाचार्य के संग्रह *यह मृत्यु उपत्यका नहीं है मेरा देश* के सह-अनुवादक रहे। उन्होंने नागार्जुन, निर्मल वर्मा, महाश्वेता देवी, यू.आर. अनन्तमूर्ति, गुरदयाल सिंह, क़ुर्रतुल-ऐन हैदर जैसे साहित्यकारों पर वृत्तचित्रों के लिए पटकथा-लेखन भी किया।

उन्हें *साहित्य अकादेमी पुरस्कार, ओमप्रकाश स्मृति सम्मान, शमशेर सम्मान, पहल सम्मान*, हिन्दी अकादमी, दिल्ली के *साहित्यकार सम्मान, कुमार विकल स्मृति सम्मान, गजानन माधव मुक्तिबोध राष्ट्रीय साहित्य सम्मान, परिवार पुरस्कार* आदि से सम्मानित किया गया। आजीविका के लिए वे ताउम्र पत्रकारिता से सम्बद्ध रहे।

9 दिसम्बर, 2020 को उनका निधन हुआ।

तुषार धवल

तुषार धवल का जन्म बिहार में हुआ और पालन-पोषण बोकारो स्टील सिटी में हुआ। उन्होंने दिल्ली विश्वविद्यालय के हिन्दू कॉलेज

से समाजशास्त्र में स्नातक की उपाधि प्राप्त की। इसके बाद दिल्ली स्कूल ऑफ़ इकोनॉमिक्स से समाजशास्त्र में स्नातकोत्तर किया। वे भारतीय राजस्व सेवा में चुने गए और वर्तमान में कोलकाता में आयकर आयुक्त के रूप में काम करते हैं। धवल की अब तक दो सौ से अधिक कविताएँ प्रकाशित हुई हैं। दो संकलन और दिलीप चित्रे की रचनाओं का एक अनुवाद कार्य भी प्रकाशित हुआ है।